아토피 피부염이 생활 환경과 음식 때문에 증가하는 추세입니다. 아토피 피부염은 피부에 바르는 연고나 먹는 약도 때로 필요하지만 건강을 위한 식생활 습관도 중요합니다. 이 책은 엄마, 아빠, 아이가 아토피를 이해하고 같이 극복하려는 노력이 중요하다는 것을 말해줍니다. 또한 아토피를 이겨내는 아이의 생각을 긍정적으로 이끌어 줄 수 있는 좋은 책입니다.

경희대학교 한의과대학 한방소아과 과장 **이진용**

글 이현

전남대학교에서 간호학을 공부하였으며 광주대학교 문예창작학과와 동 대학원에서 아동문학을 전공했습니다. 동화와 동시 부문에서 각각 아동문예문학상을, 동극 부문에서 주평동극상을 수상했습니다. 현재 한방병원에서 간호실장으로 일하고 있습니다. 작품으로는 《나는요, 오줌싸개 이푸순이랍니다》, 《키 작은 아이》, 《비밀이 생겼어요》, 《나는 다르지 않아》, 《키 크는 그림책》 등이 있습니다.

그림 픽토스튜디오

픽토스튜디오는 1998년 설립 이후 〈짠짠 덩어리 가족〉을 비롯한 다수의 감동적인 애니메이션 작품을 KBS, EBS, SBS 등과 함께 만들어 왔습니다. 최근에는 〈애코와 사랑스런 친구들〉, 〈종벌레 이야기〉를 비롯한 창작 애니메이션 준비와 증강현실(AR), 기능성 게임 기술을 활용한 교육용 콘텐츠 개발에 여념이 없답니다. 픽토스튜디오에 대해 궁금하신 분은 아래 주소로 놀러 오세요.
www.pictostudio.net

감수 이진용

현재 경희대학교 한의과대학 한방소아과 과장입니다. 경희의료원 한방병원 연구부장 및 대통령정책 자문위원 등을 역임했습니다. 알레르기질환(비염, 축농증, 천식, 아토피 피부염, 두드러기), 야뇨증, 소아언어장애를 전문으로 진료하고 있습니다.

삐뽀삐뽀 건강맨 ❷ 아토피편

아토피를 조심해

ⓒ 글 이현 · 그림 픽토스튜디오 · 감수 이진용, 2011

펴낸날 1판 1쇄 2011년 4월 20일 1판 4쇄 2018년 7월 5일
글 | 이현   그림 | 픽토스튜디오   감수 | 이진용
펴낸이 | 문상수   펴낸곳 | 국민서관(주)   출판등록 | 1997년 8월 13일 제10-1479호
주소 | (10881) 경기도 파주시 광인사길 63 국민서관(주)
전화 | 070)4330-7866 팩스 | 070)4330-7845
홈페이지 | http://www.kmbooks.com 카페 | http://cafe.naver.com/kmbooks
페이스북 | http://www.facebook.com/kookminbooks
ISBN 978-89-11-02943-3 · 978-89-11-02947-1(세트) 값 10,000원

이 도서의 국립중앙도서관 출판시도서목록(CIP)은 서지정보유통지원시스템 홈페이지(http://seoji.nl.go.kr)와 국가자료공동목록시스템(http://www.nl.go.kr/kolisnet)에서 이용하실 수 있습니다.(CIP제어번호: CIP2011001361)」

아토피를 조심해

이현 글 | 픽토스튜디오 그림 | 이진용 감수

국민서관

캄캄한 밤, 모두들 잠을 자요.
나만 또 벌떡 일어나요.
온몸이 가려워요.
목도 근질, 머리도 근질
근질근질 벅벅, 근질근질 벅벅!

"나만 왜 이럴까요?
나만 왜 근질근질 벅벅
자꾸만 가려울까요?"

"네 몸이 가려운 건
아토피 때문에 그래."

"넌 누구니?"
"난 삐뽀삐뽀 건강맨."
"삐뽀삐뽀 건강맨?"
"뛰어가요, 삐뽀삐뽀. 달려가요, 삐뽀삐뽀.
몸도 튼튼 마음도 튼튼! 나는야 삐뽀삐뽀 건강맨이야."
"나도 그럼 몸도 튼튼 마음도 튼튼! 근질근질 뚝 할 수 있어?"
"그럼, 그럼!

"아토피는 말이야,
네 몸에 안 맞는 가위표는
하지 말라고 알려 주는 거야.
네 몸에 좋은 동그라미를 하라고.

몸도 튼튼 마음도 튼튼
세상에서 제일 예쁜 강희가 되라고.
그렇게 되려면……."

안 돼요, 안 돼! 근질근질.
몸에 안 맞는 가위표 음식은 먹으면 안 돼요.

빼뽀 빼뽀!

가위표 음식

돼지고기, 닭고기, 라면, 빵,
햄버거, 과자, 초콜릿, 사탕,
아이스크림, 계란, 꽃게, 새우

콜라

사이다

라면

과자

빵

닭고기

햄버거

계란

핫도그

돼지고기

아이스크림

※ 아이마다 얼굴도 다르고 성격도 다른 것처럼, 몸에 맞는 음식, 안 맞는 음식도 아이에 따라 다릅니다. 아이에게 맞는 음식을 찾아 주세요.

좋아요, 좋아!
몸에 좋은 동그라미 음식을 먹어요.

동그라미표 음식
밥, 가래떡, 김치, 된장국, 사과, 미역국, 멸치,
두유, 옥수수, 청국장, 수박, 토마토, 당근,
오이, 포도, 플레인 요구르트

당근
청국장
밥
플레인
요구르트
옥수수
미역국
시금치
김치
떡
멸치
수박
사과
포도, 토마토

삐뽀삐뽀!

가위표 옷
• 몸에 꼭 끼는 옷
• 공기가 잘 통하지 않는 옷
• 나일론, 모직, 합성섬유

안 돼요, 안 돼! 근질근질.
몸에 안 맞는 가위표 옷은 입으면 안 돼요.

동그라미표 옷
· 몸에 안 붙는 헐렁한 옷
· 부드러운 순면

좋아요, 좋아!
몸에 좋은 동그라미 옷을 입어요.

안 돼요, 안 돼! 근질근질.
몸에 안 맞는 가위표 마음은 안 돼요.

좋아요, 좋아!
몸에 좋은 동그라미 마음을 가져요.

가위표 환경
새집으로 이사 간다, 새가구를 쓴다, 잔뜩 어질러진 방과
집진드기가 있는 곳에서 생활한다, 애완동물을 키운다.

안 돼요, 안 돼! 근질근질.
몸에 안 맞는 가위표 환경은 안 돼요.

동그라미표 환경
창문을 자주 열어 집 안을 환기시킨다, 각종 침구류는 햇빛에 자주 말린다.
공기 좋은 곳으로 소풍을 간다, 아이 스스로 방 정리하는 습관을 기른다.

좋아요, 좋아!
몸에 좋은 동그라미 환경을 가꾸어요.

가위표 목욕

- 너무 오랫동안(30분 이상) 목욕한다.
- 타월로 온몸을 빡빡 문지른다.
- 자극성 있는 비누를 사용한다.
- 물의 온도가 뜨겁거나 너무 차다.
- 온천, 사우나, 찜질방을 간다.

안 돼요, 안 돼! 근질근질.
몸에 안 맞는 가위표 목욕은 안 돼요.

 **동그라미표 목욕**

- 타월 대신 손으로 살짝 문질러 몸을 씻는다.
- 비누는 피부에 잘 맞는 제품으로 1주일에 1회 정도만 사용한다.
- 되도록 물로만 목욕한다.
- 통 목욕은 증상에 따라 하지 않는다.
- 목욕 후 3분 이내 보습제를 바르며 물기는 톡톡 눌러 닦아 낸다.
- 상처나 진물이 있는 곳은 보습제를 사용하지 않는다.

좋아요, 좋아!
몸에 좋은 동그라미
목욕을 해요.

안 돼요, 안 돼! 근질근질.
아토피 아이에게는 이렇게 하지 마세요.

피부를 보며 놀리지 마세요.
자꾸 긁는다고 소리치며 야단치지 마세요.
이 병원, 저 병원 자꾸 옮기지 마세요.

긁지 마, 긁지 마!

아토피 때문에 안돼!

오늘은 이 병원 가자!

빨리 약 먹어!

얼굴이 이상해!

가려울 때 톡톡 두드리면 돼!

괜찮아, 괜찮아.

좋아요, 좋아!
아토피 아이에게는 이렇게 해 주세요.

간지러워 하는 곳은 살며시 톡톡 두드려 주세요.
엄마 아빠가 함께 재미난 책을 읽으며 웃어 주세요.
힘이 되는 말을 많이 해 주세요.

우와!

친구들과 모여 앉아 지점토 놀이를 해요.
이젠 자주 가렵지 않아요.
나는 조물조물 아기 곰을 만들어요.

내가 만든 아기 곰이 제일 귀엽대요.

친구들과 기차 놀이를 해요.
이젠 박박 긁지 않아요.

칙칙 폭폭 신 나게 달려요.
몸도 튼튼 마음도 튼튼!
세상에서 제일 예쁜 강희가 될 거예요.

칙칙 폭폭, 출발!

삐뽀삐뽀
건강맨,
궁금해요!

아토피 아이에게 **어떤 음식**이 좋을까요?

첫째, 식사 일기를 써 보세요.

아이가 그날 먹은 음식 이름 외에 양념과 재료, 조리법을 함께 적어 보세요.

식사 일기로 아토피 증상과 관련된 음식을 찾았다면 그 음식의 조리법을 바꿔 보세요.

그중 아이가 반응을 나타내지 않는 조리법으로 음식을 먹도록 해 주세요.

하지만, 어떤 조리법으로 요리해도 아이에게 맞지 않는 음식이 있다면 대체 식품을 꼭 식단에 넣어 주세요.

무조건 제한하는 것은 아이의 건강에 좋지 않아요.

둘. 아래의 음식들은 가능하면 피해 주세요.

기름진 음식, 밀가루 음식, 단 음식은 피해 주세요. 특히, 기름진 음식, 밀가루 음식은 아이가 소화하기 힘들어 해요.
그 외 몸에 해로운 패스트푸드, 인스턴트식품은 가능하면 먹이지 말아 주세요.
이런 음식들은 집에서 아이 눈에 띄지 않는 곳에 치우는 등 특별한 관리를 기울여 주세요.

셋. 인공 조미료보다는 자연소스를 사용해 주세요.

견과류, 현미 오곡가루, 들깨가루, 매실액, 꿀, 기름 등으로 집에서 만든 소스를 이용해 주세요.
인공 조미료는 아이가 먹는 음식에 넣지 말아 주세요.

넷. 계절에 맞는 음식을 먹도록 해 주세요.

제철에 나는 음식, 신선한 음식들을 먹도록 해 주세요.

다섯, 집에서 만든 간식을 먹도록 해 주세요.

아이가 집에서 만든 간식을 먹도록 해주세요. 말린 과일이나 멸치, 다시마 등이 좋습니다.
그밖에 달걀은 가능하면 익혀서 먹여 주세요.
튀김처럼 기름을 사용한 요리는 1주일에 1번 정도만 해 주세요.

아토피 아이에게는 어떤 옷이 좋을까요?

① 공기가 잘 통하고 흡수성이 좋은 옷을 입혀 주세요.

② 품이 넉넉해서 아이 몸에 꼭 붙지 않는 옷을 입혀 주세요.

③ 면으로 된 옷이 제일 좋습니다. 모나 화학섬유, 마직물은 피해 주세요.

④ 옷에 붙어 있는 상표가 피부에 닿지 않도록 떼어 내고 입혀 주세요.

⑤ 가능하면 색이 들어가지 않고 단순한 디자인의 옷을 입혀 주세요.

⑥ 새 옷보다는 헌 옷을 입혀 주세요. 새 옷을 입게 될 경우 여러 번 세탁한 뒤 입혀 주세요.

⑦ 드라이클리닝을 한 옷은 밖에 걸어 두었다가 화학 냄새가 완전히 날아간 후에 입도록 해 주세요

⑧ 각종 세탁 보조제도 가능하면 사용하지 말아 주세요.

아토피 아이에게는 어떤 환경이 좋을까요?

① 양탄자나 화학섬유로 만들어진 소파는 피해 주세요.

② 이불은 햇빛에 자주 말려 주세요. 1번 말릴 때 3시간 이상 말려 주세요.

③ 애완동물은 키우지 않는 것이 좋습니다.

④ 방문과 창문을 자주 열어 환기를 시켜 주세요.
　 환기를 시킬 때는 장롱 문도 열어 주세요.

⑤ 가능하면 새집보다는 3년 이상 된 오래된 집이 좋습니다.
　 특히, 아파트보다는 일반 주택이 좋습니다.

아토피 아이에게 어떤 목욕이 좋을까요?

① 비누칠은 1주일에 1번만 해 주세요.
   타월이나 스펀지 대신 손으로 닦아 주시는 게 좋습니다.

② 샴푸, 린스 등은 가능하면 사용하지 말아 주세요.

③ 보습제는 목욕을 끝내고 3분 안에 발라 주세요.

④ 통 목욕은 15분 안으로, 증상에 따라서는 하지 않는 게 좋습니다.

아토피 아이를 대할 때 부모님은 어떻게 하는 게 좋을까요?

① 아이가 마음껏 뛰어놀 수 있도록 해 주세요. 아이와 함께 산이나 들로 소풍을 가는 것도 좋습니다.
   아이가 흙을 밟으며 자연에서 뛰놀 게 해 주세요.

② 아이가 소리 내어 크게 웃을 수 있도록 해 주세요. 온 가족이 함께 재밌는 동화책을 읽어도 좋습니다.

③ 긁지 말라는 말로 잔소리하지 말아 주세요. 대신 아이가 좋아하는 것에 집중하여 가려움을 느끼지
   못하도록 해 주세요.

④ 부모님께서 아이의 병을 빨리 낫게 하고 싶은 마음을 잘 다스려 주세요. 그래서 이 병원, 저 병원 자주 옮기지
   않도록 주의해 주세요.

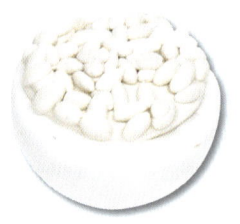